Sou batizado...
e daí?

Walter Ivan de Azevedo

Sou batizado... e daí?

Subsídio para a catequese de iniciação cristã

Dados Internacionais de Catalogação na Publicação (CIP)
(Câmara Brasileira do Livro, SP, Brasil)

Azevedo, Walter Ivan de
   Sou batizado... e daí? : subsídio para a catequese da iniciação cristã / Walter Ivan de Azevedo. – 1. ed. – São Paulo : Paulinas, 2012. – (Coleção cartilhas)

   Bibliografia
   ISBN 978-85-356-3000-8

   1. Batismo   2. Catequese – Igreja Católica   3. Sacramentos   4. Vida espiritual
   I. Título.   II. Série.

   11-13740   CDD-234.161

Índice para catálogo sistemático:
1. Batismo : Sacramentos : Cristianismo   234.161

Citações Bíblicas: *Bíblia Sagrada*. Tradução da CNBB, 7. ed., 2008.

Direção-geral: *Bernadete Boff*
Editores responsáveis: *Vera Ivanise Bombonatto e Antonio Francisco Lelo*
Copidesque: *Mônica Elaine G. S. da Costa*
Coordenação de revisão: *Marina Mendonça*
Revisão: *Ruth Mitzuie Kluska*
Gerente de produção: *Felício Calegaro Neto*
Projeto gráfico: *Wilson Teodoro Garcia*
Ilustrações: *Walter Ivan de Azevedo*
Foto de capa: *Wanderson Cardoso Alves*

1ª edição – 2012
4ª reimpressão – 2023

Nenhuma parte desta obra poderá ser reproduzida ou transmitida por qualquer forma e/ou quaisquer meios (eletrônico ou mecânico, incluindo fotocópia e gravação) ou arquivada em qualquer sistema ou banco de dados sem permissão escrita da Editora. Direitos reservados.

Paulinas
Rua Dona Inácia Uchoa, 62
04110-020 – São Paulo – SP (Brasil)
Tel.: (11) 2125-3500
http://www.paulinas.com.br – editora@paulinas.com.br
Telemarketing e SAC: 0800-7010081
© Pia Sociedade Filhas de São Paulo – São Paulo, 2012

Sumário

Prefácio 7
Introdução 9
Deus revela-se 11
   Sinais humanos 11
   Sinais da natureza 12
   Sinais de Deus 13
   Graça de Deus 14
O que o Batismo produz 17
   Novo nascimento 17
   Libertação dos pecados 18
   Habitação do Espírito Santo 20
   Transformação em corpo de Cristo, cidadãos da Igreja, membros do povo de Deus 22
   Identificação de cristãos 24
Condições para celebrar o Batismo de crianças 25
Por que batizar 27
   Razões incorretas para alguém ser batizado 28
Iniciação cristã 30
   A iniciação cristã no Novo Testamento 30
   Ritual de Iniciação Cristã de Adultos 32
   Batismo de crianças 34
Celebrar o Batismo 36
   O acolhimento e o diálogo inicial 36
   O sinal da cruz 37
   A Palavra de Deus 37

O óleo dos catecúmenos e da Crisma 38
A água batismal 38
A renúncia ao pecado 40
A entrega do Creio 40
O ato do Batismo 41
A veste branca 41
A luz 42
A oração do Pai-Nosso 43
A bênção final 43
Viver a graça batismal 44
Seguimento de Cristo 44
Bibliografia 47

Prefácio

Na vida de cada um, há diversos momentos decisivos: um dia nós nascemos; em seguida, recebemos alimento; tornamo-nos adultos; pelos remédios nos curamos das doenças; escolhemos um estado de vida e um dia morremos. Deus preparou-nos uma vida sobrenatural. Nela nascemos pelo Batismo. Alimenta-nos a alma a Eucaristia. Pela Crisma nos tornamos adultos na fé. Curamos as feridas da alma pela Penitência. Escolhemos um estado de vida pela Ordem ou pelo Matrimônio e, enfim, temos o conforto da Unção dos Enfermos numa doença grave ou na aceitação da morte.

Os três primeiros constituem os sacramentos da iniciação cristã. Os outros são chamados sacramentos da cura e do serviço da comunhão entre os cristãos.

Muitos catequistas, no exercício de sua missão, anseiam por subsídios em que encontrem o essencial que os ajude a prepararem-se para ser catequistas da iniciação cristã e da Penitência.

Sou batizado... e daí? chega a suas mãos, caro catequista, com essas características e, ao mesmo tempo, apresenta os princípios mais importantes sobre o assunto, além de complementar-se com mais três livros: *O Creio e o sacramento da Crisma; O Pão da vida* e *Festa do Perdão*.

O tempo de evangelização para a iniciação na vida cristã de jovens ou adultos pode levar um ou mais anos, conforme a orientação de cada Diocese. Como não se trata de um exercício intelectual para ilustrar o conhecimento, mas de uma educação da fé, só tem sentido se, durante o tempo da catequese, o batizado viver essa fé na participação comunitária do Sacrifício da Missa, centro e ápice da vida cristã, e na prática da caridade.

Introdução

Um dia você foi batizado. Seus parentes alegraram-se. Fizeram festa. E você não estava "nem aí". Era pequeno demais para entender o que estava acontecendo.

No entanto, foi o acontecimento mais importante que se deu com você depois do seu nascimento.

Não acabou nem se esgotou naquela escassa meia hora em que durou a celebração.

É preciso que você perceba, e com você muitos outros cristãos, que aquele fato marcou sua vida. Deixou em você um sinal para sempre, cujas consequências está chamado a viver durante toda sua existência.

Este livro vai ajudá-lo a descobrir o valor, a beleza e a responsabilidade de ser batizado, e a agradecer ao Pai que o chamou para a grande família dos filhos de Deus.

Deus revela-se

Sinais humanos

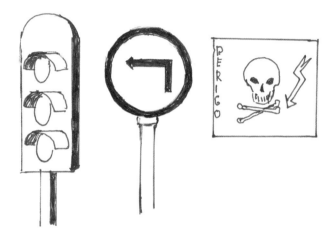

Vivemos cercados de sinais criados pelos homens.

Se você é motorista e vê a sua frente o sinal verde, já sabe que pode passar com segurança. O sinal vermelho está a dizer-lhe para dar lugar aos carros que vêm da outra rua.

Ao longo de uma estrada, sucedem-se sinais que indicam ora uma curva, ora uma ponte, ora homens trabalhando na pista. Aí você diminui a marcha, para não causar um acidente. O sinal salva você e os operários.

Uma caveira com ossos cruzados, diante de uma central elétrica, não é feita para assustar. Ela nos previne: "Não toque. Alta tensão".

De criança, você aprendeu a ler, escrever e fazer contas. Como foi que os homens inventaram a escrita?

Criando sinais que representavam os sons da fala: as letras. Criando sinais que indicavam quantidades: os números. Assim conseguimos nos relacionar uns com os outros, mesmo à distância.

Sinais da natureza

Sinais sensíveis são realidades conhecidas pelos sentidos, coisas que a gente vê, escuta ou apalpa e nos fazem entender ou prever eventos desconhecidos.

Se você vê o céu carregado de nuvens escuras, logo conclui: "É sinal de chuva". Esse sinal é eficaz: indica e traz a chuva. Também o sapo no banhado põe-se a coaxar antes da chuva. Dá sinal dela, mas não a produz.

O barqueiro experiente, navegando pelos rios, sabe que a água agitada esconde por debaixo pedras e baixios. Diante desse sinal de perigo, ele desvia-se para águas mais tranquilas.

O viajante no deserto, ao avistar uma relva verde, exclama: "Sinal de água!".

Assim é a natureza: cheia de sinais.

Sinais de Deus

Também Deus, que é invisível, comunica-se conosco por meio de sinais sensíveis.

O céu repleto de estrelas, o mundo cheio de coisas boas, são sinais de seu poder, de sua beleza, de sua bondade. Criou tudo para o nosso bem.

Jesus também usou muitos sinais e comparações para transmitir a sua mensagem: o sal, a luz, o trigo, o joio, a figueira, a árvore da uva com seus ramos, a semente de mostarda, a lâmpada de azeite, o pão e o fermento, a moeda, o pastor com seus cordeiros; tudo serviu de motivo visível para fazer entender a sua mensagem de amor e de salvação.

Ele mesmo, vindo ao mundo como homem, tornou-se sinal visível da existência de seu Pai eterno, que o enviou.

E como fez para indicar (sinal sensível) e produzir (sinal eficaz) o dom mais precioso que nos quer conceder: a sua Graça? Pelos sacramentos. Eles atualizam o mistério da Salvação ao longo da história.

Mas o que é Graça de Deus? E o que são sacramentos?

Graça de Deus

Graça quer dizer dom, presente, favor, dádiva, mercê, ajuda que se dá sem pedir retribuição.

Graça de Deus é um presente espiritual, invisível, que Deus nos dá "de graça", como o nome indica, porque quer a nossa salvação. Mas não é uma coisa abstrata, situada só no nosso pensamento. Consiste na habitação do Espírito Santo em nós.

Como a Graça é invisível, precisamos de coisas sensíveis que a indiquem e eficazes que a produzam, não por sua própria força, mas pelo poder de Deus. Assim é a água no Batismo, o óleo na Crisma e as palavras do celebrante em todos os sacramentos.

Mas o que é necessário para recebermos a Graça de Deus?

A justificação

Há cerca de quinhentos anos, o monge Martinho Lutero, na Alemanha, vivia um angustiante problema: assaltado por muitas tentações, não conseguia libertar-se do sentimento de culpa e julgava-se um condenado.

Até que um dia, lendo e meditando a Bíblia, como fazia todos os dias, encontrou nas cartas de São Paulo, Apóstolo, estas palavras, que funcionaram como uma resposta às suas dúvidas:

Todos pecaram e estão privados da glória de Deus. E só podem ser justificados gratuitamente, pela Graça de Deus, em virtude da redenção no Cristo Jesus (Romanos 3,23-24).

É pela Graça que fostes salvos, mediante a fé. E isso não vem de vós: é dom de Deus! Não vem das obras, de modo que ninguém pode gloriar-se. Pois foi Deus que nos fez, criando-nos no Cristo Jesus, em vista das boas obras que preparou de antemão, para que nós a pratiquemos (Efésios 2,8-10).

Com estas palavras e nos capítulos seguintes, São Paulo expõe a *Doutrina da Justificação.*

Justificação é o ato com que Deus Pai salva os homens por Jesus Cristo, eliminando-lhes os pecados gratuitamente, por pura misericórdia. Nenhum de nós merece alcançar o perdão dos pecados por nossas próprias forças. Nem pela observância externa da Lei. É do próprio Deus que parte a iniciativa de perdoar e salvar, pelos méritos de seu Filho, Jesus Cristo.

Essas palavras são capazes de levar a paz aos corações atribulados, como o de Lutero. E assim aconteceu.

As nossas obras boas não são causa nem condição prévia à justificação. Esta é inteiramente gratuita para Deus. Contudo, são necessárias como nossa resposta à Graça de Deus e como consequência, como resultado dela.

Por isso, o apóstolo São Tiago escreve na sua carta:

Meus irmãos, que adianta alguém dizer que tem fé, quando não tem obras? A fé seria capaz de salvá-lo? [...] a fé, se não se traduz em ações, por si só está morta (Tiago 2,14.17).

De fato, o próprio Jesus afirmou que, no juízo final, serão considerados justos os que praticaram as obras de caridade, e condenados os que as omitiram (cf. Mateus 25,31-46). E mais:

E quem der, ainda que seja apenas um copo de água fresca, a um desses pequenos, por ser meu discípulo, em verdade vos digo: não ficará sem receber sua recompensa (Mateus 10,42).

Pela fé, cremos em Deus que não vemos. Pelas obras do amor, vivemos essa fé:

[...] quem não ama o seu irmão, a quem vê, não poderá amar a Deus, a quem não vê (1 João 4,20).

No céu, a fé acaba, porque estaremos vendo a Deus. Também cessa a esperança, porque o estaremos possuindo. Mas o amor, a caridade, ficam para sempre (cf. 1 Coríntios 13,8ss).

Isso quer dizer que os frutos, as consequências desse dom gratuito dependem das disposições com que nós o recebemos nos sacramentos. Quanto maior fé e compreensão tem a pessoa que recebe um sacramento, mais ela aproveita da Graça de Deus nele contida.

Por isso, é preciso que o cristão compreenda: o que o Batismo produz como sinal e como portador da Graça de Deus; as condições para celebrar o Batismo; por que batizar; e como se celebra e vive-se a Graça conferida.

O que o Batismo produz

Novo nascimento

Recebendo vida nova pelo Batismo, renascemos como filhos de Deus.

Na terra e no tempo de Jesus havia certos homens chamados fariseus (doutores da Lei), que eram inimigos dele e o odiavam. Mas havia também fariseus honestos e sinceros. Um deles era Nicodemos. Gostava de ouvir Jesus, quando ele ensinava às multidões. Mas não lhe fazia perguntas em público, porque tinha medo das críticas dos seus colegas. Por isso, foi procurar Jesus de noite, às escondidas.

Naquele encontro noturno, Jesus falou-lhe:

> [...] se alguém não nascer da água e do Espírito, não poderá entrar no Reino de Deus (João 3,5).

Estava falando do Batismo, porta para o ingresso no Reino de Deus. Mas Nicodemos entendeu mal essas palavras e perguntou:

> Como pode alguém nascer, se já é velho? Ele poderá entrar uma segunda vez no ventre de sua mãe para nascer? (João 3,4).

Jesus explicou que o Batismo tratava-se realmente de um novo nascimento, mas pela água e pelo Espírito Santo (cf. João 3,5-7). "Nascer do Espírito Santo" é um nascimento espiritual, é receber uma vida nova, a vida da Graça santificante, que nos faz filhos adotivos de Deus e herdeiros do céu.

São João e São Paulo proclamam repetidamente em seus escritos essa verdade:

> A quantos, porém, a acolheram, deu-lhes poder de se tornarem filhos de Deus: são os que creem no seu nome. Estes foram gerados não do sangue, nem da vontade da carne, nem da vontade do homem, mas de Deus (João 1,12).

Vede que grande presente de amor o Pai nos deu: sermos chamados filhos de Deus! E nós o somos! (1 João 3,1).
Conforme o desígnio benevolente de sua vontade, ele nos predestinou à adoção como filhos, por obra de Jesus Cristo (Efésios 1,5).
E, se somos filhos, somos também herdeiros: herdeiros de Deus e co-herdeiros de Cristo (Romanos 8,17).
Com efeito, vós todos sois filhos de Deus pela fé no Cristo Jesus (Gálatas 3,26).
Já não és mais escravo, mas filho; e, se és filho, és também herdeiro; tudo isso, por graça de Deus (Gálatas 4,7).

Libertação dos pecados

Batismo é uma palavra grega que significa banho, mergulho, purificação.

Assim como a água – sinal sensível – lava e purifica o corpo da sujeira e da imundície, também a Graça de Deus invisível purifica, liberta a alma dos pecados e dos castigos que eles merecem. Por isso, chama-se "santificante".

No tempo de Jesus, vivia um homem corajoso chamado João Batista.

Vivendo num lugar deserto às margens do rio Jordão, convidava todos a arrependerem-se de seus pecados e a fazerem penitência. Chegou mesmo a repreender o rei Herodes, cruel e impuro, pelos seus pecados: "Você é um homem público! Não pode proceder desse jeito!" (cf. Marcos 6,18).

Por que chamava todos a fazer penitência? "Porque o Reino de Deus está próximo", explicava. Reino de Deus era a presença de Jesus no meio do povo. Já com trinta anos de idade, estava pronto para começar a sua pregação.

Todos aqueles que, movidos pelas palavras de João, se arrependiam, demonstravam isso publicamente, recebendo a água que ele derramava-lhes sobre a cabeça. Por essa razão, foi chamado o Batista. Não era ainda o Batismo, sacramento que Jesus veio trazer. João mesmo explicou a diferença:

> [...] aquele que vem depois de mim é mais forte do que eu. Eu não sou digno nem de levar suas sandálias. Ele vos batizará com o Espírito Santo e com fogo (Mateus 3,11).

João estava falando de Jesus.

E um dia, Jesus veio pedir para ser batizado. João tentou recusar-se a isso: "Você é sem pecado. Eu é que devo ser batizado por você".

Mas Jesus obrigou-o a fazer o que pedia, pois sabia o que estava para acontecer: no mesmo instante daquele batismo, o Espírito Santo veio em forma de pomba e consagrou Jesus para a sua missão de Salvador, enquanto o Pai o proclamava em alta voz vinda do céu: "Este é meu Filho!".

Aí está claramente a diferença: o batismo de João era temporário. Ajudava as pessoas a arrependerem-se e, assim, a prepararem o coração para receber a pregação de Jesus. Jesus, ao contrário, trouxe-nos um Batismo que nos dá para sempre o Espírito Santo, autor da Graça. Graça "que vem do alto" e apaga-nos os pecados, pelos méritos de Jesus, que para isso sofreu e morreu por nós.

Muitos anos antes, o profeta Isaías já anunciava essa verdade: *Se vossos pecados forem vermelhos como escarlate, ficarão brancos como a neve (Isaías 1,18).*

Permanece, porém, em nós, mesmo depois do Batismo, a inclinação para o pecado, o estímulo das coisas más que nos atraem. É chamada de concupiscência. Devemos combatê-la. Mas a Graça de Deus é sempre mais forte. Quem corresponde à Graça, será sempre vitorioso contra as tentações.

Habitação do Espírito Santo

Na última ceia, Jesus prometeu que nos daria o Espírito Santo:

Quando, porém, vier o defensor que eu vos enviarei da parte do Pai, o Espírito da Verdade, que procede do Pai, ele dará testemunho de mim. Tenho ainda muitas coisas a vos dizer, mas não sois capazes de compreender agora. Quando ele vier, o Espírito da Verdade, vos guiará em toda a verdade (João 15,26; 16,12-13).

Só depois da ressurreição de Jesus é que os apóstolos compreenderam com clareza o que ele queria dizer com essas palavras. Dez dias depois que Jesus subiu ao céu, o Espírito Santo veio realmente.

Desceu sobre eles no dia de Pentecostes, iluminou-lhes o entendimento e robusteceu-lhes a vontade. E eles passaram logo a proclamar com coragem que Jesus estava vivo para sempre. E a ensinar que o Espírito Santo é ao mesmo tempo dom (presente) e agente (doador, presenteador) no mistério do Batismo.

São Paulo, convertido e tornado apóstolo por inspiração de Deus, afirma com toda convicção:

E a esperança não decepciona, porque o amor de Deus foi derramado em nossos corações pelo Espírito Santo que nos foi dado (Romanos 5,5).
Acaso não sabeis que sois templo de Deus e que o Espírito de Deus habita em vós? (1 Coríntios 3,16; 6,19).

E, se o Espírito daquele que ressuscitou Cristo dentre os mortos habita em vós, aquele que ressuscitou Cristo dentre os mortos vivificará também vossos corpos mortais, pelo seu Espírito que habita em vós (Romanos 8,11).

É toda a doutrina do Espírito Santo habitando em nós. Por isso, dissemos antes que Graça de Deus não é uma coisa abstrata: consiste nessa presença do Espírito Santo em nós como num templo. Assim como falou Jesus:

Se alguém me ama, guardará a minha palavra; meu Pai o amará, e nós viremos e faremos nele a nossa morada (João 14,23).

Bem como uma lâmpada elétrica que conserva a mesma forma externa tanto apagada como acesa, mas quando acesa é inundada de luz, também a criança ou o adulto, no momento do Batismo, mantém sua forma externa, porém seu interior, a alma, brilha pela luz da habitação divina.

Ao longo de nossa vida, não deixemos apagar essa luz sobrenatural, que é o próprio Espírito Santo morando em nós... Alimentemos a chama de nossa fé pelo estudo assíduo das palavras de Cristo e pela prática constante da caridade.

Várias vezes usamos a palavra "mistério" ao tratar do Batismo, dos sacramentos, da Igreja. O que é mistério? Já explicamos que mistério, quando se refere a Deus, não significa coisa oculta, estranha, obscura, indecifrável. Exprime sempre um ato divino de amor tão grande, tão sublime, que para nós seria impossível até pensar na sua existência, se Deus mesmo não o tivesse revelado.

Os mistérios ocorridos na vida de Cristo e na formação da Igreja, todos eles, contam com a presença do Espírito Santo como personagem principal. Vejam só!

Foi ele quem presidiu à Encarnação do Verbo:

José, Filho de Davi, não tenhas receio de receber Maria, tua esposa; o que nela foi gerado vem do Espírito Santo (Mateus 1,20).

Por obra do Espírito Santo:

[...] *o Verbo se fez carne e veio morar entre nós (João 1,14).*

E Isabel, "repleta do Espírito Santo", proclamou Maria como Mãe de Deus, em alta voz:

Como mereço que a mãe do meu Senhor venha me visitar? (Lucas 1,43).

Foi também o Espírito Santo que consagrou Jesus para sua missão de Salvador, ao descer sobre ele no rio Jordão.

E, ainda, orientou para a formação da Igreja na manhã de Pentecostes, tornando-se inspirador dos apóstolos e alma da Igreja ao longo da sua história.

Na Missa é ele quem preside ao grande mistério da presença real de Jesus na Eucaristia, e sua própria presença como alma no Corpo Místico de Cristo, que é a Igreja.

Antes da Consagração, suplicamos que sejam santificadas pelo Espírito Santo as oferendas do pão e do vinho, "para que se tornem para nós o Corpo e o Sangue de Jesus". E após a Consagração, novamente o invocamos, desta vez "para que sejamos reunidos pelo Espírito Santo num só corpo".

O corpo real de Cristo nos é dado pela colaboração do Espírito Santo, para que construamos entre nós o corpo eclesial, a comunhão entre todos os membros do povo de Deus.

Mas o que é o Corpo Místico?

Transformação em corpo de Cristo, cidadãos da Igreja, membros do povo de Deus

A iniciação cristã introduz o batizando numa comunidade de fé e de amor: a Igreja. Igreja, porém, é mais do que uma comunidade: é um corpo espiritual, um organismo vivo, cuja cabeça é Cristo. Ao recebermos o Batismo, nós nos incorporamos a Cristo.

Estamos unidos a Cristo não apenas como um grupo em torno do seu líder, mas por uma união de vida: assim como num organismo humano a vida que o percorre vem da cabeça, de tal modo que é impossível para ele viver separado da cabeça, do mesmo modo, nessa comunidade espiritual chamada Igreja, a vida sobrenatural que nos vivifica vem de Cristo. Se nos separamos dele ou de quem o representa, perdemos a vida da Graça e nos tornamos membros mortos do seu corpo.

Diz São Paulo:

Assim nós, embora muitos, somos em Cristo um só corpo e, cada um de nós, membros uns dos outros (Romanos 12,5).

Então,

[...] vivendo segundo a verdade, no amor, cresceremos sob todos os aspectos em relação a Cristo, que é a cabeça (Efésios 4,15).

Por isso, o grande Papa São Leão Magno exorta: "Reconhece, ó cristão, a tua dignidade. Lembra-te de qual cabeça e de qual corpo tu és membro!".

Como membros do corpo místico de Cristo, os cristãos são povo de Deus. O Batismo é a porta pela qual entramos, para fazer parte desse povo, dessa comunidade dos que creem em Cristo e querem viver seus ensinamentos.

Qualquer um é aceito por Deus – disse Pedro em Atos 10,35 –, se o teme e pratica a justiça. Mas Deus quer salvar e santificar os homens não isoladamente, e sim unidos em comunidade. Isso é a Igreja: um povo unido pela prática da lei suprema do amor, ou seja, amar a todos como Cristo nos amou. Um povo que vive em comunhão de vida e de verdade e assim constrói o Reino de Deus a partir deste mundo para alcançar a sua perfeição na eternidade. Um povo que procura ser sal e luz para os outros (cf. Mateus 5,13-16), a fim de tornar-se instrumento de salvação para eles.

Essa doutrina é exposta no Documento do Concílio Vaticano II, *Lumen gentium* (Igreja, luz dos povos), que nos chama ao "sacerdócio comum dos fiéis", isto é, consagrados pelo Batismo, somos "participantes da natureza divina" (2 Pedro 1,4); a compartilhar da intimidade com Deus; e a dar testemunho e razão da nossa esperança ao resto do mundo (*Lumen gentium* 9-10).

Identificação de cristãos

Documento importante que cada um costuma levar consigo é a carteira de identidade. Para viajar pelo Brasil ou para o exterior, bem como para muitos atos oficiais, é necessário apresentá-la. Ela identifica-nos com a sociedade e afirma o nosso caráter de cidadãos de um país.

Também pelo Batismo, Deus nos confere a identidade, o selo, a marca divina, o distintivo, o estatuto, o caráter de cristãos. Como diz São Paulo:

[...] *recebestes a marca do Espírito Santo (Efésios 1,13).*

É muito mais que um simples documento. É um sinal que não se apaga. Impresso na alma, não apenas num papel. Ele nos identifica com os filhos de Deus, seguidores de Cristo, cidadãos da Igreja. O caráter do Batismo acompanha-nos a vida toda e também na eternidade.

Por aí vemos que o Batismo *não é um rito passageiro*. É um compromisso que a pessoa assume de viver a participação no culto e na ação da Igreja e de dar o testemunho da caridade para sempre, a vida inteira. Assim se vive o Batismo. Quantos cristãos esquecem isso!

Condições para celebrar o Batismo de crianças

Mediante o compromisso dos pais e padrinhos de assumirem a formação cristã da criança, toda criança tem o direito ao sacramento do Batismo.

Mas toda celebração de Batismo *exige séria preparação*: dos pais e padrinhos, se o batizando é uma criança; e do próprio batizando, se ele é um adulto.

Batismo não é mera formalidade. Para muitos documentos civis, basta uma assinatura no cartório. Para o Batismo, os pais ou o adulto batizando têm de ter a consciência do que estão assumindo e do que prometem fazer no seio da comunidade cristã.

Certa vez, ao inscrever seu filho no Batismo, um pai reclamou: "Sou muito ocupado; não tenho tempo de ir à igreja para uma preparação". O padre respondeu: "Irei à sua casa para fazer essa preparação".

Nem sempre isso é possível; porém, é indispensável a cada cristão sentir a necessidade de compreender a que responsabilidade ele se obriga para toda a vida ao assumir o Batismo. Não é uma imposição da Igreja; é uma consequência da vontade de Deus, que criou esse sacramento.

Outros cristãos, ao virem pedir o Batismo de seus filhos, ouvem do padre essa indispensável pergunta: "Vocês são casados na Igreja?". E respondem: "Não. Somos só 'juntados'".

Para batizar é preciso uma garantia de que os filhos serão educados na fé cristã. Então, o padre, com muita paciência e caridade, procura saber por que não se uniram pelo matrimônio cristão e convida-os a regularizarem sua união com este sacramento.

Os dois não se casaram na Igreja? Muitas vezes isso acontece por não saberem que isso é essencial para quem quer ser e continuar cristão. E é perfeitamente possível consertar essa situação, se eles nunca se casaram com outra pessoa. Mesmo depois de anos vividos juntos, o casamento religioso, feito discretamente se assim o quiserem, sem necessidade de pompa, traz Jesus Cristo para o aconchego do lar.

Fujam os cristãos do preconceito de que casar "dá azar"! Isso é próprio de pessoas de escassa formação. A Graça de Deus, que vem pelo Batismo, é a maior garantia de que os dois esposos serão fiéis um para com o outro e se amarão por toda a vida. Que segurança pode ter uma união sem o sacramento do Matrimônio? Somente a força de vontade de cada um para vencer as muitas tentações de que o mundo está cheio. A Graça de Deus conferida pelo Batismo é infinitamente mais poderosa.

Também aos padrinhos é fundamental o testemunho de uma vida cristã regular e o esforço de uma preparação consciente. O padrinho é como um segundo pai, destinado a zelar pela formação cristã da criança no lugar dos pais, todas as vezes que estes não puderem exercer ou negligenciarem tal compromisso.

Por que batizar

Ao mandar seus discípulos para o mundo a ensinar e batizar, Jesus afirmou:

Quem crer e for batizado, será salvo. Quem não crer, será condenado (Marcos 16,16).

Então se perdem os que morrem sem Batismo? É claro que Deus nos ama e quer a salvação de todos. Assim o afirmou o apóstolo Paulo (cf. 1 Tessalonicenses 2,4). Por isso, não se limita aos sacramentos que ele mesmo criou. Elaborou muitas outras maneiras de salvar.

Nos primeiros séculos da era cristã, a Igreja era muito perseguida pelos governantes pagãos no Império Romano. Muitos que se preparavam para o Batismo foram presos, torturados e mortos em razão de sua fé. Pelo seu martírio, alcançaram a salvação. Foi chamado de Batismo de sangue. Diversas pessoas pertencentes aos povos indígenas, orientais e africanos conhecem a Jesus e aprendem a amá-lo antes mesmo de se tornarem seus filhos pelo Batismo. Os que morrem nessa condição e arrependeram-se de seus pecados, salvam-se. É o chamado Batismo de desejo. Outros que nunca chegaram a conhecer Cristo e sua doutrina, mas vivem honestamente, também se salvarão desse modo.

Em três decretos o Concílio Vaticano II afirma solenemente essa doutrina.

Cristo morreu por toda a humanidade e a Graça do Espírito Santo age também sobre os não cristãos (cf. *Gaudium et spes* [GS] 22). Quem, sem culpa, não conhece o Evangelho de Cristo e até mesmo a existência de um Deus, mas vive os preceitos da consciência, pode alcançar a salvação eterna (cf. *Lumen gentium* [LG] 16). Por outro lado, quem conhece suficientemente a doutrina de Cristo e, mesmo assim, age e pensa de modo diferente, arrisca perder sua alma para sempre (*Ad gentes* [AG] 7).

Daí a importância da atividade missionária e do Catecumenato, que abre ou aprofunda o caminho da fé cristã para os que não a conhecem. Todos os cristãos são chamados a cultivar em si o espírito missionário, que consiste em desejar e promover, segundo as suas possibilidades, a evangelização dos povos.

E as crianças pequenas que morrem sem Batismo? É evidente que Deus recebe-as no céu, já que não têm pecados. Jesus mesmo disse que:

[...] a pessoas assim (como crianças) é que pertence o Reino de Deus (Lucas 18,16).

Mas são gravemente culpados diante de Deus o pai ou a mãe que, por negligência, descuidam de fazê-las batizar.

Razões incorretas para alguém ser batizado

"Eu vim batizar meu menino porque está doentinho", diz alguém. O Batismo não foi criado para curar doenças do corpo. Não pode ser reduzido a uma farmácia.

"Ele está muito inquieto e rebelde. Por isso, vim batizá-lo", diz outro. O Batismo não é para tornar alguém mais tranquilo e submisso, nem para substituir a educação que deve vir dos pais.

"Todos levam seus filhos para batizado. Eu faço o que todos fazem." Já lembramos que Batismo não é uma formalidade, um ato social passageiro. É um compromisso com Deus para toda a vida.

Há pessoas menos esclarecidas que reclamam: "Por que me batizaram antes que crescesse e entendesse o sentido do Batismo e suas obrigações? Por que não esperaram o meu consentimento?".

Os pais procuram dar aos filhos o que é melhor, dentro de suas possibilidades, para sua vida material e social. Decidem no lugar deles o alimento a lhes oferecer, o agasalho, a instrução intelectual, a educação e os bons costumes, sem esperar que cresçam para escolher tudo isso.

Por que iriam esperar a maturidade dos filhos e arriscar que eles se deixem dominar pelos vícios, para só então propor-lhes a felicidade maior, que é a de serem filhos de Deus e possuírem a Graça santificante? A Graça, como o nome indica, nos é oferecida gratuitamente por Deus, sem prévio merecimento de nossa parte. Por isso, também as crianças podem e devem recebê-la desde o início da vida.

Pode ainda alguém perguntar: "Se Jesus disse: 'Quem *crer* e for batizado será salvo; quem não crer será condenado', como pode a criança crer, se não tem ainda capacidade para isso?".

O Batismo é ação da Igreja, povo de Deus. É oferta da salvação dirigida em primeiro lugar a ela. Assim como a criança pertence a uma família humana desde que nasce, faz parte da família de Deus a partir desse segundo nascimento. O que conta é a fé dos pais e da comunidade que a acolhe. Daí a importância de cultivar na família um ambiente de fé no qual a criança será educada.

Até tempos bem recentes, havia a recomendação de batizar quanto antes as crianças que nasciam, porque a mortalidade infantil no mundo era elevada. Embora esta ainda não tenha sido debelada suficientemente, não se deve por isso descuidar da adequada preparação dos pais.

Todos esses fatos nos fazem concluir que o povo, em geral pouco instruído na fé, necessita quase sempre de uma iniciação ou reiniciação no conhecimento e na prática dos deveres cristãos.

Iniciação cristã

Antes de se tornar um procedimento da Igreja, a iniciação já era uma prática universal em todas as religiões e crenças. Por exemplo, os indígenas submetem os adolescentes a um ritual quase sempre penoso, a fim de provar-lhes a coragem e a resistência, e assim passarem da vida de criança para a vida e responsabilidade de adultos. Por isso, tais procedimentos chamam-se ritos de passagem.

A iniciação cristã é também um rito de passagem. Mas não é imitação de nenhum desses atos. Você não nasce cristão. É preciso tornar-se; ser introduzido no conhecimento e na vivência dos mistérios da fé. Isso se consegue pelos três sacramentos da iniciação cristã. Você será conduzido pelos iniciadores designados pela Igreja, mas saiba que Cristo, presente nesses sacramentos, é o verdadeiro e divino Iniciador.

A iniciação cristã no Novo Testamento

Antes de subir para o céu, depois de sua ressurreição, Jesus ordenou aos apóstolos e aos primeiros cristãos:

> *Ide, pois, fazer discípulos entre todas as nações, e batizai-os em nome do Pai, do Filho e do Espírito Santo. Ensinai-lhes a observar tudo o que vos tenho ordenado. Eis que estou convosco todos os dias, até o fim dos tempos (Mateus 28,19).*

Os apóstolos cumpriram esse mandato a partir do dia em que o Espírito Santo desceu sobre eles e deu início à Igreja. São Pedro, inspirado por Deus, dirigiu ao povo naquele dia uma exortação tão inflamada e tão cheia de convicção que no fim os ouvintes exclamaram:

> *"[...] que devemos fazer?" Pedro respondeu: "Convertei-vos, e cada um de vós seja batizado em nome de Jesus Cristo, para o perdão dos vossos pecados. E recebereis o dom do Espírito Santo" (Atos 2,37-38).*

Cerca de três mil pessoas, após essas palavras, pediram o Batismo. E, à medida que os apóstolos e os primeiros cristãos davam testemunho ardente da própria fé em Jesus,

> [...] o Senhor acrescentava a seu número mais pessoas que eram salvas (Atos 2,47).

Conversão é, pois, essencialmente abandonar uma vida de pecado. Não consiste em renunciar aos costumes legítimos de um povo ou de uma nação para adotar outros. Por isso, São Paulo não exigiu dos pagãos convertidos a prática de costumes da sua nação hebraica.

Desde o início, famílias inteiras convertiam-se às palavras de São Pedro e, mais tarde, também às de São Paulo. Assim foi com a família do centurião Cornélio, a de Lídia e a de Crispo (cf. Atos 10,4-48; 16,13-15; 18,8, respectivamente). As crianças dessas famílias ficavam de fora? Certamente que não!

Os Atos não o revelam claramente, mas é natural que os pais convertidos encarregavam-se de educar na fé as próprias crianças recém--batizadas.

Outrora, era grande o número de pagãos que se convertiam ao cristianismo. Eram submetidos a um longo ritual de aprendizado, baseado não nos mitos, como entre os povos primitivos, mas no conhecimento de uma Pessoa divina: Jesus. E num fato histórico: a Salvação trazida pela morte e ressurreição de Jesus. Esse aprendizado era chamado Catecumenato.

O Catecumenato consistia no caminho de amadurecimento da fé até chegar ao Batismo dos adultos que queriam ser cristãos. Durava três anos e se desenvolvia em vários tempos.

O Catecumenato dos adultos ficou esquecido por muitos séculos, porque se supunha que as famílias já viviam o cristianismo desde o berço. No século XX, os Bispos de todas as nações, reunidos no Concílio Vaticano II, instituíram de novo o Catecumenato dos adultos, para que a formação cristã das famílias seja mais sólida e duradoura.

Ritual de Iniciação Cristã de Adultos

Como é o Catecumenato para os adultos, renovado pelo Papa Paulo VI, em 1972, para os nossos tempos?

Tanto para os que assumem a fé cristã pela primeira vez como para os batizados que a deixaram de praticar desde a infância, é um itinerário, uma caminhada progressiva de amadurecimento da fé, através de vários tempos que culminam com a recepção dos sacramentos de iniciação.

O primeiro tempo – Pré-Catecumenato – é o do anúncio do Evangelho, para fazer brotar a fé no coração dos ouvintes e, com ela, o abandono dos pecados. Nisso consiste a conversão: voltar à amizade com Deus.

O segundo tempo – Catecumenato – consiste num aprendizado sobre o modo de viver de Jesus, de sua missão. É um período de treinamento de vida espiritual, com ritos de penitência, oração e encaminhamento do fiel para colaborar no apostolado da Igreja. Sua duração varia conforme a determinação do Bispo e as necessidades de cada candidato.

Segue-se um tempo, chamado de Purificação, que em geral faz-se coincidir com as semanas da Quaresma. É quando o Bispo realiza a "eleição" ou escolha dos candidatos idôneos para a recepção dos sacramentos, após uma espécie de exame de idoneidade. No Sábado Santo, os candidatos são convidados a momentos intensivos de preparação imediata, com reflexão, oração e jejum.

A etapa culminante acontece na celebração da Vigília Pascal, durante a qual se dá a recepção festiva dos três sacramentos – Batismo, Crisma e Eucaristia –, na presença da comunidade cristã, que deve, aliás, na medida do possível, acompanhar também as outras etapas com seu exemplo e apoio.

Batismo, Crisma e Eucaristia são chamados justamente de sacramentos de iniciação porque, pelo Batismo (*nascimento* na fé) e pela Confirmação (*crescimento*), se chega a compreender o ponto mais alto da vida cristã: a participação à Eucaristia na Missa, Mistério de Cristo, pelo qual ele operou a Redenção da humanidade e convida-nos a tomar parte de seu sacrifício e de sua ressurreição; a oferecer-nos juntamente com ele.

Quem já tiver recebido o Batismo na infância não deve repeti-lo, pois o Batismo imprime o caráter de cristão de uma vez por todas.

Mas este não é o último tempo. A formação cristã é um esforço progressivo que deve nos acompanhar por toda a vida. Dizem os Atos dos Apóstolos (2,42) que os primeiros cristãos perseveravam na doutrina dos apóstolos, na oração em comum, na fração do pão (participação à Eucaristia) e na ajuda fraterna.

Um tempo chamado Mistagogia segue-se à recepção dos sacramentos: visa a um amadurecimento nessas práticas. "Mistagogo" é o catequista que conduz (ago) os iniciados ao aprofundamento dos mistérios da nossa fé, ajuda a resolver as dúvidas que possam aparecer na compreensão deles e estimula a prosseguir no exercício da vida cristã e da caridade.

Esses tempos não são procedimentos isolados. Formam um único processo, em que o catecúmeno (é o nome dado a quem é candidato ao Batismo) é levado ao conhecimento de Cristo, a configurar-se com ele na vida e a perseverar na comunidade da Igreja, da qual ele passa a fazer parte.

O RICA (Ritual da Iniciação Cristã dos Adultos) nos dá a descrição detalhada desses tempos.

Tudo isso mostra que a verdadeira adesão ao cristianismo, longe de se limitar à celebração do sacramento, nos leva a um esforço permanente e jubiloso de intimidade com Cristo, de união fraterna com os irmãos na fé e de compromisso com a promoção do bem entre todos.

A maior parte dos adultos de hoje é formada por pessoas que receberam o Batismo em criança. Falta para muitos alguém que os ajude a adquirir o conhecimento e a vivência da própria fé, e a receber a confirmação e/ou a Eucaristia. Por isso, a Igreja recomenda o Catecumenato pós-batismal para os adultos, seguindo o mesmo *Ritual de Iniciação Cristã de Adultos.*

Batismo de crianças

Hoje, que se generalizou o Batismo de crianças, se separam os tempos dos três sacramentos, mas nem por isso eles perdem sua unidade: quem nasce para a fé, tende a crescer nela por obra do Espírito Santo e deve receber na sua hora o alimento da Eucaristia, que contém o próprio autor da fé.

Ao levar as crianças para serem batizadas, são os pais e padrinhos que devem ser evangelizados, para que por meio deles os filhos recebam uma sólida formação cristã e os estimulem, quando jovens, a participar da catequese paroquial.

Para os pais, não basta ministrar algumas noções sobre a natureza do Batismo. É preciso evangelizá-los, sobretudo, comentando os artigos do Creio que expõem em síntese os mistérios da vida de Jesus e, em seguida, dando-lhes uma formação sobre a prática dos mandamentos de Deus. E por fim uma formação litúrgica para que, compreendendo o sentido das celebrações da Igreja, participem com proveito da graça dos sacramentos.

A duração depende da orientação de cada Diocese. Portanto, *a formação cristã é permanente*.

Celebrar o Batismo

Como todos os sacramentos, a celebração consta de uma sucessão de *sinais ou símbolos*: coisas e atos visíveis que significam ou indicam a graça invisível de Deus.

Quando uma comunidade cristã não conhece nem sabe exprimir qual o sentido dos símbolos que vê na celebração da Missa ou dos sacramentos, é prova de que sua iniciação cristã é fraca e incompleta.

Vamos então conhecer os símbolos que se encontram na celebração de um batizado.

O acolhimento e o diálogo inicial

É a comunidade que acolhe o batizando. Por isso, é altamente recomendável que o Batismo seja celebrado na presença da comunidade paroquial, para que ela perceba a sua parte de responsabilidade de criar para o batizando um ambiente paroquial sadio e cheio de exemplos de virtudes.

O Batismo é um ato eclesial. Afeta a comunidade cristã antes mesmo que ao indivíduo. É dom de Deus para a Igreja, que age como Mãe, porque o Batismo a faz crescer com a admissão de novos filhos. Assim a Igreja, que também é mistério, vai se revelando ao candidato como sinal, sacramento, lugar de encontro dele com a salvação.

O celebrante pergunta aos pais: "Que nome escolhestes para vosso filho? E que pedis à Igreja de Deus para ele?".

Os pais respondam clara e decididamente, depois de pronunciarem o nome do filho: "Queremos para (nome) o Batismo!". E em seguida, respondem que estão conscientes do dever de educá-lo na fé.

O sinal da cruz

Desde a mais remota antiguidade, mesmo antes do cristianismo, muitos povos consideravam a cruz como o eixo do mundo, o elo entre o céu e a terra. Para os cristãos, significava a união entre Deus e os homens operada por Cristo. Os antigos egípcios usavam com frequência a cruz com um círculo no lugar do braço superior para representar vida, alma, imortalidade. Os coptas (cristão egípcios) a utilizaram como símbolo da árvore da vida.

No início do Batismo, o celebrante traça uma cruz na testa do batizando e convida os pais e padrinhos a fazerem o mesmo. Significa o mistério da Redenção, com que Jesus nos salvou morrendo na cruz. A Redenção, expressa pelo sinal da cruz, é a nossa marca de cristãos, o nosso distintivo.

A Palavra de Deus

São João começa seu Evangelho proclamando que o Filho é a própria Palavra de Deus:

No princípio era a Palavra, e a Palavra estava junto de Deus, e a Palavra era Deus (João 1,1).

São Pedro refere-se a Jesus como Palavra de Deus, quando escreve:

Nascestes de novo... mediante a Palavra de Deus, viva e permanente (1 Pedro 1,23).

A proclamação da Palavra de Deus contida nos Evangelhos é parte indispensável da celebração de qualquer sacramento, para esclarecer o seu significado.

Um trecho escolhido da Bíblia é lido para indicar que a Palavra de Deus ilumina o nosso caminho pela vida e exige uma resposta positiva da nossa fé. Procurem os pais e padrinhos ter em casa um livro dos Evangelhos ou a Bíblia toda, para acostumarem a si e aos filhos a ler, conhecer e meditar a mensagem divina que eles trazem.

O óleo dos catecúmenos e da Crisma

Na terra e no tempo de Jesus, o óleo da oliveira era usado como nutrição e remédio: passando-o sobre os ferimentos, preservava o corpo de uma infecção. Usado no Batismo, significa que a Graça de Deus, pela ação do Espírito Santo, cura e preserva nossa alma dos pecados. O óleo santifica, diminui a dor, refresca, embeleza e ilumina, uma vez que as lamparinas antigas eram alimentadas com óleo.

Na terra de Jesus, o óleo servia também para ungir os sacerdotes, os profetas e os reis, e consagrá-los para a sua respectiva missão. Assim foi ungido Davi (cf. 1 Samuel 16,13 e Salmo 89,21). O próprio Davi recusou-se a matar Saul porque, como rei, era considerado uma pessoa sagrada (cf. 1 Samuel 24,7.11; 26,9). Jesus é chamado Messias e Cristo, palavras que querem dizer "ungido", isto é, consagrado como eterno rei e sacerdote. Além de no Batismo e na Crisma, o óleo é usado no sacramento da Ordem como sinal da consagração do novo sacerdote.

A unção com o óleo da Crisma depois do Batismo significa que o cristão é, desde aquele momento, consagrado como membro da Igreja para colaborar na missão de ensinar, santificar e organizar os irmãos na fé. Essa colaboração é chamada de "sacerdócio comum dos fiéis".

O óleo unido a um bálsamo, que se consagra na Quinta-Feira Santa, exprime a união da natureza divina e da natureza humana na pessoa de Jesus.

Os adultos, se devidamente preparados, logo após o Batismo podem receber os sacramentos da Crisma e da Eucaristia.

A água batismal

Mas é a *água* o principal símbolo material deste sacramento. Pois, assim como a água limpa purifica e refresca o corpo e fecunda a terra, fazendo-a produzir seus frutos, do mesmo modo o Espírito Santo, com a Graça do Batismo, purifica a alma e faz crescer os frutos das boas obras.

No Antigo e no Novo Testamento, a água aparece várias vezes como figura ou imagem do Batismo. O celebrante, ao benzer a água batismal no Sábado Santo, lembra aos fiéis, uma a uma, essas figuras:

a) *Água da vida:* na origem do mundo, o Espírito Santo pairava sobre as águas, infundindo nelas a vida dos seres.

b) *Água que purifica:* a arca de Noé flutuou sobre as águas do dilúvio, sepultando os vícios da humanidade. A água do Batismo é símbolo da nossa morte para o pecado e nossa purificação e salvamento por obra de Jesus Cristo.

c) *Água que liberta:* os hebreus, atravessando as águas do mar Vermelho, foram libertados da escravidão a que eram submetidos no Egito. Assim, as águas do Batismo nos libertam dos pecados, que são nossa maior escravidão.

d) *Água que cumpre a promessa:* atravessando as águas do rio Jordão, os hebreus entraram na posse da Terra Prometida. Pela água do Batismo, nós nos tornamos herdeiros do céu.

e) *Água que sacia a sede e conserva a vida:* tangida por Moisés, brotou da rocha a água que saciou a sede dos hebreus no deserto (cf. Números 20,11). No Evangelho, Jesus prometeu para a samaritana, junto ao poço, "uma fonte de água jorrando para a vida eterna" (João 4,13).

f) *Água que cura:* o pecado afasta-nos de Deus e é como a lepra da alma. A cura de Naamã, o leproso, nas águas do Jordão é profecia de como as águas do Batismo, pela potência de Deus, apagam a lepra do pecado (cf. 2 Reis 5,14).

g) *Água que consagra:* ao receber a água das mãos de João Batista, Jesus foi consagrado pelo Espírito Santo para sua missão de Salvador (cf. Marcos 1,9-11). O Batismo consagra-nos para a missão de proclamar o Evangelho com a palavra e com o exemplo de vida.

h) *Água que salva:* na cruz, quando o soldado transpassou o peito de Jesus com uma lança, saiu sangue e água (cf. João 19,34).

É a figura do Batismo e de todos os sacramentos, cuja Graça nos vem pela morte de Jesus. O próprio Jesus chamou seu sofrimento e sua morte de "batismo" (cf. Marcos 10,38; Lucas 12,50). Em que sentido? São Paulo apóstolo explica:

Acaso ignorais que todos nós, batizados no Cristo Jesus, é na sua morte que fomos batizados? Pelo Batismo fomos sepultados com ele na morte, para que, como Cristo foi ressuscitado dos mortos pela ação gloriosa do Pai, assim também nós vivamos uma vida nova (a da graça de Deus) (Romanos 6,3-4; cf. também Colossenses 2,12).

Estamos diante do significado central, do simbolismo fundamental do Batismo. Esse sacramento não é uma encenação, não é uma representação como as dos teatros. É um acontecimento real que torna atual o mistério pascal da paixão, morte e ressurreição de Cristo em cada um de nós. Por ele, somos mergulhados nesse mistério (cf. *Sacrosanctum Concilium* 6), nos associamos de modo místico, sobrenatural, à morte e ressurreição de Cristo, assegurando-nos assim a salvação (cf. *Lumen Gentium* 7).

A renúncia ao pecado

Os pais e padrinhos, no lugar da criança, renunciam ao demônio, ao pecado, àquilo que nos desune. Com isso, estão prometendo dar aos filhos e afilhados o exemplo e o estímulo de combate aos vícios, e comprometendo-se a criar para eles um ambiente familiar adequado para o crescimento das virtudes morais e cristãs.

A entrega do Creio

O celebrante a faz em forma de pergunta: "Vocês creem em Deus Pai Todo-Poderoso...?", e vai passando os artigos do Creio, a que os pais respondem: "Creio!".

A oração do Creio contém a enumeração dos mistérios da criação e da vida de Cristo. Quantos, mesmo depois de receberem Batismo e Crisma, não sabem sequer rezá-lo, quanto mais entender o que proclamam! É um erro grave, se o catequista omitir o ensino detalhado dos artigos do Creio na preparação desses dois sacramentos.

Antes de derramar a água na cabeça do batizando, nova pergunta: "Vocês querem que ele seja batizado na fé da Igreja que acabamos de professar?". "Queremos", é a resposta.

O ato do Batismo

O celebrante, no ato do Batismo, derrama água na cabeça do batizando, pronuncia seu nome e diz: "Eu te batizo em nome do Pai, do Filho e do Espírito Santo".

Se a pessoa está em perigo de morte e não há tempo de chamar o padre, qualquer pessoa pode batizá-la, usando a água e essas palavras com a intenção de fazer o que faz a Igreja.

A veste branca

O celebrante impõe sobre o batizando uma veste branca, ou este já vem vestido assim.

Significa que, quem é batizado, se reveste de Cristo, como proclamou São Paulo:

Vós todos que fostes batizados em Cristo vos revestistes de Cristo (Gálatas 3,27).

A cor branca, como a dos lírios, exprime pureza, inocência, santidade e sinceridade, virtudes que, à imitação de Cristo, devem ornar o coração do novo cristão.

Todos os "ritos de passagem", isto é, de iniciação para um novo estado de vida, como Batismo, Crisma e Matrimônio, privilegiam a cor branca por seu valor simbólico.

A luz

O Batismo é chamado também de "iluminação". São João proclamou Jesus, o Verbo de Deus, como:

> [...] luz verdadeira, que vindo ao mundo a todos ilumina (João 1,9).

Jesus chamou os cristãos de "filhos da luz" (cf. Mateus 5,14-16) e exortou-os a que:

> [...] brilhe a vossa luz diante das pessoas, para que vejam as vossas boas obras e louvem o vosso Pai que está nos céus (Mateus 5,16).

As velas são usadas com frequência na liturgia da Igreja, não certamente para iluminar o ambiente, mas como valor simbólico.

A luz do grande círio pascal na Semana Santa e a da vela empunhada pelo padrinho no momento do Batismo indicam Cristo, "luz do mundo" (cf. João 8,12), e ao mesmo tempo significam a chama da fé que se acendeu na alma do batizado, e que os pais devem alimentar e fazer crescer.

No Batismo, o Espírito Santo coloca na alma da criança as virtudes da Fé, Esperança e Caridade, como uma semente. A criança não tem capacidade de praticá-las enquanto é pequena. Mas à medida que vem chegando a idade da consciência, deve fazer frutificar no coração essa semente com atos e atitudes de fé, esperança e amor. Compete aos pais e padrinhos cultivá-la e fazê-la brotar, defendendo-a ao mesmo tempo contra os maus exemplos do mundo.

Um castiçal encimado por uma vela acesa é como a imagem do homem: composto de corpo e alma, matéria e espírito, a quem Deus acrescentou, pelo Batismo, a luz da sua Graça, o dom precioso da vida divina, representado pela chama da vela.

Se o homem deixa-se conduzir por essa luz, a alma domina e refreia as paixões do corpo e leva-o à perfeição. Se, porém, o corpo passa a dominar a alma, é como se esse conjunto fosse virado para baixo: a luz

apaga-se, a vela rompe-se e mesmo o castiçal tomba ao chão. Perde--se a Graça, corrompe-se a alma e o próprio corpo torna-se escravo das paixões.

A oração do Pai-Nosso

O batizado agora já é filho de Deus. Pode, pois, rezar a Deus chamando-o de Pai. Compromete-se a cumprir filialmente a sua vontade e confia na sua Graça para sair vitorioso das tentações.

A bênção final

O celebrante abençoa primeiramente a mãe, depois o pai, enfim a comunidade, para que cada um ao seu modo se comprometa a ser exemplo e estímulo de vida cristã a quem foi batizado.

Viver a graça batismal

Depois do Batismo, não podemos esquecer o nosso compromisso e considerar esse sacramento como um ato do passado, sem influência para a vida. O Batismo é o começo, a porta, o limiar da vida cristã. Exige a sua continuação e aperfeiçoamento.

A Igreja convida-nos a renovar as promessas do Batismo em várias ocasiões: na celebração do Sábado Santo, isto é, na noite antes da Páscoa, e no momento em que recebemos o sacramento da Crisma. Todas as vezes que a comunidade participa de um batizado ou da cerimônia de um grupo de crismandos, é convidada também a renovar junto com eles essas promessas.

Há párocos muito criativos que reúnem de tempos em tempos os pais e padrinhos das crianças batizadas durante aquele ano, para ajudar a reforçar-lhes os compromissos de fé. Tais procedimentos auxiliam a despertar periodicamente nos cristãos a "consciência batismal".

Cada cristão deve lembrar frequentemente que "viver o Batismo" é permanecer unido ao Pai que o escolheu como filho, participando com fidelidade, juntamente com os irmãos na fé, das fontes da sua Graça, que são a Missa, a Confissão e a Comunhão.

Seguimento de Cristo

Revestidos de Cristo no Batismo, somos impelidos a segui-lo e imitá-lo. É a exigência natural dele. Tornamo-nos propriedade de Cristo. O Espírito Santo habita em nós como num templo, propõe a lei da fidelidade e ajuda a cumpri-la: envia-nos a uma missão e acompanha-nos, para "nos iluminar, curar, ensinar, advertir, fortalecer, consolar, salvar", como escreveu São Cirilo de Jerusalém. Facilita-nos uma experiência pessoal de Deus e nossa pertença à Igreja.

Somos todos chamados a participar ativamente nas três tarefas da Igreja, que se tornam também nossas:

- o serviço *profético* e apostólico, evangelizando pela palavra e pelo exemplo;
- o serviço *sacerdotal*, colaborando ativamente no culto litúrgico;
- o serviço da *caridade*, promovendo uma sociedade justa e fraterna.

Deus conta com a nossa colaboração e nos dá forças para ela.

Assim, o que no começo dessa nova vida são dons gratuitos de Deus, tornam-se no decorrer da nossa existência uma tarefa constante, um ideal de vida que valoriza e santifica todos os nossos atos.

Bibliografia

BORÓBIO, Dionisio. *Sacramentos en comunidad.* Bilbao, 1993.

CATECISMO DA IGREJA CATÓLICA. São Paulo: Paulinas, 1998.

OÑATIBIA, Ignacio. *Batismo e Confirmação;* sacramentos de iniciação. São Paulo: Paulinas, 2007.

Rua Dona Inácia Uchoa, 62
04110-020 – São Paulo – SP (Brasil)
Tel.: (11) 2125-3500
http://www.paulinas.com.br – editora@paulinas.com.br
Telemarketing e SAC: 0800-7010081